Inhalt

Um Ihnen, liebe Kolleginnen, Mut zu machen und Ihnen bei der Durchführung zu helfen, möchte ich für dieses interessante Thema einige Anregungen und Impulse geben.

1. Verlegen Sie möglichst viele Angebote ins Freie, denn es ist sehr schön, eine Geschichte, ein Lied oder eine Phantasiereise in der warmen Sonne zu hören oder zu erleben.
2. Laden Sie Personen, die etwas über die Wirkung der Sonnenstrahlen berichten können, z.B. einen Hautarzt, einen Apotheker usw. ein, das Projekt mit Ihnen zu gestalten bzw. Sie zu unterstützen.
3. Lassen Sie die Kinder aktiv werden. Sie können mit eigenen Geschichten, Bilderbüchern usw. zum Gelingen des Projektes beitragen.
4. Besuchen Sie z.B. Ausstellungen, die mit dem angebotenen Thema zu tun haben.
5. Richten Sie Projektecken, -räume oder -zimmer ein. Dort wird alles gesammelt, aufgestellt, aufgehängt, was mit dem Thema in Verbindung steht. So können die Kinder allein oder mit anderen ihre Beziehung zum Projekt vertiefen.

Ingrid Biermann

Als die Sonne verschwand

Materialien: ein grünes Tuch, lange gelbe und blaue Tücher, feste Papprollen, ein braunes Tuch, eine kleine Sisalpuppe vom Bauteppich, einige Tiere vom Bauteppich wie: Vögel, Fische, Schwäne, eine Sonne aus gelber Pappe, eine Lampe, bunte Hölzer, ein kleines (Bambus-)Stöckchen

Raumvorbereitung: In die Kreismitte wird symbolisch für die Insel ein grünes Tuch gelegt.
Aus festen Papprollen und einem braunen Tuch kann später eine Höhle gebaut werden. Die gelben Tücher (Sand) werden um die Insel gelegt, die blauen Tücher (Meer) um den Sand herum. Das zusätzliche Material wie bunte Hölzer (Blumen), Belebungsmaterial vom Bauteppich, wie Bäume, Vögel, Schwäne, Fische, die Sonne liegt griffbereit. Der Raum ist verdunkelt. Eine Lampe strahlt auf die Insel.

Spielanleitung: Während die Geschichte erzählt wird, werden die einzelnen Szenen mit den Materialien gelegt und gespielt.

Die Kinder gestalten die Insel, indem sie aus den bunten Hölzern Blumen legen. Die Bäume werden dazugestellt, aus grünen Hölzern können Sträucher gelegt werden.

Mitten im blauen, sauberen Meer lag eine kleine wunderschöne Insel. Auf ihr wuchsen viele bunte Blumen auf saftigen Wiesen, hohe, kräftige Bäume und Pflanzen mit großen, grünen Blättern und süßen Früchten.

Die Sonne wird auf die Insel gelegt.

Die Sonne schickte täglich ihre warmen Strahlen nieder und so konnte alles wachsen, reifen und in den schönsten Farben blühen.

Die Sisalpuppe wird in die Höhle gesetzt.

Bisher hatte noch kein Mensch und kein Tier dieses wunderschöne Stück Erde entdeckt. Auf dieser Insel wohnte in einer Höhle ein alter Mann.

Die Sisalpuppe wird auf die Wiese gelegt.

Er lebte hier schon seit vielen, vielen Jahren und liebte die wärmende Sonne, den kühlen Wind, den warmen Regen, die vielen Blumen, Bäume, Pflanzen und ganz besonders die Stille und Einsamkeit. Oft saß er auf der bunten Wiese und schaute in den wolkenlosen Himmel oder erfreute sich an dem Duft der Blumen.

Die Sisalpuppe wird in die Höhle gelegt.

Erst spät abends zog er sich zum Schlafen in seine Höhle zurück.

Zwei Schwäne werden an den Sandstrand gesetzt.

Eines Tages entdeckten zwei Schwäne, die von weit her angereist kamen, die Insel. Erschöpft machten sie am Ufer im warmen, schneeweißen Sand eine Pause.

Weitere Tiere werden an den Strand gestellt bzw. in das Meer gelegt.

Da sie hungrig waren, kosteten sie von den herrlichen Früchten. Sie schauten sich die Insel genauer an, und sie beschlossen hierzubleiben. Bei ihren täglichen Flügen über das Wasser trafen sie Seehunde, Schildkröten, Flamingos, Enten, Gänse und noch viele andere große und kleine Wassertiere, die sich in den Wellen vergnügten. Ihnen erzählten sie von der neu entdeckten Insel, von der warmen Sonne, dem sauberen Wasser, den schönen Pflanzen, den bunten Blumen, den hohen Bäumen und vor allem von den süßen Früchten. Alle waren begeistert und machten sich sofort auf den Weg, um dort zu wohnen. Nach und nach füllte sich die Insel.

Die Kinder schnattern und gackern.

Den ganzen Tag über war ein lebhaftes Geschnatter, Gegacker und Gezirpe zu hören.

Die Sisalpuppe tiefer in die Höhle stellen.

Dies störte den alten Inselbewohner gewaltig, denn mit seiner Ruhe und Einsamkeit war es vorbei. So zog er sich in eine Höhle, tief unter der Erde, zurück.

Die Puppe bekommt das kleine Bambusstöckchen in die Hand.

Täglich wuchs sein Ärger über diese Störung und er überlegte, wie er die Ruhe auf dieser Insel wiederherstellen konnte.

Eines Nachts kam ihm eine Idee. Früh am nächsten Morgen, als alle Tiere noch schliefen, kam der alte Inselbewohner aus seiner Höhle. In der Hand hielt er eine lange Stange, an deren Ende ein großer Haken befestigt war.

Die Sonne wegnehmen.

Leise und ganz vorsichtig stieg er auf einen Berg und holte mit dem Haken die Sonne herunter.

Die Lampe ausschalten.

Schnell brachte er sie in seine Höhle und sperrte sie dort in eine große Kiste. Plötzlich wurde es auf der Insel dunkel und kalt.

Die Tiere bewegen.

Die Tiere wurden durch die Kälte geweckt und waren über die Dunkelheit ganz erschrocken. Was war geschehen? Wo war die wärmende Sonne? Keiner wusste eine Antwort. Zusammen machten sie sich auf den Weg, die Sonne zu suchen.

Die Blumen entfernen.

Bäume und Sträucher zur Seite legen.

Stunde um Stunde suchten sie, doch sie fanden sie nicht. Es wurde immer kälter auf dieser Insel. Die Blumen senkten ihre Köpfe, die Bäume verloren ihre Früchte und die Pflanzen ließen ihre Blätter hängen.

Die Tiere entfernen.

Auch die ewige Dunkelheit war nicht länger zu ertragen. Die Tiere beschlossen, die Insel zu verlassen.

Die Sisalpuppe vor die Höhle setzen.

Gemeinsam schwammen oder flogen sie fort, denn sie wollten an einen Ort, an dem es warm war. Nun kehrte auf der Insel wieder Ruhe ein. Der alte Mann kam aus seiner Höhle hervor und freute sich, denn endlich war er wieder allein.

Doch, was war das? Auf einmal fühlte er sich nicht mehr wohl. Die Insel sah kahl und farblos aus. Auch die Dunkelheit gefiel ihm gar nicht. Die Ruhe und die Einsamkeit machten ihn traurig. Tag für Tag saß er vor seiner Höhle und er begann zu frieren. Es wurde ihm immer kälter und kälter. Aber er wusste nicht, warum er traurig war und warum er fror. Plötzlich wurden seine Füße nass, denn seine warmen Tränen tropften auf sie. Da dachte der alte Mann wieder an die wärmende Sonne, die er vor vielen Tagen eingesperrt hatte.

Die Sonne wieder hinlegen.
Die Lampe einschalten.

Schnell holte er sie aus der Kiste, nahm die lange Stange mit dem Netz und hängte sie wieder an den Himmel.

Die Blumen, Bäume und Pflanzen wieder hinlegen und hinstellen.

Sofort wurde es auf der Insel wieder hell und warm. Die Bäume, Blumen und Pflanzen, die lange Zeit in Dunkelheit und Kälte leben mussten, streckten sich froh der Sonne entgegen. Der alte Mann fühlte sich mit einem Mal wieder wohl.

Die Sisalpuppe auf das grüne Tuch legen.

Er legte sich auf die Wiese und war wieder glücklich.

Die Tiere zurückstellen.

Auch die Tiere nahmen die Helligkeit sofort wahr und spürten die Wärme. Sie sahen plötzlich ihre Insel wieder, die strahlend, bunt und schön aus dem Wasser ragte. Schnell machten sie sich auf den Weg dorthin zurück.

Die Sisalpuppe auf das gelbe Tuch setzen.

Sie wurden von dem alten Mann am Ufer empfangen.
Er entschuldigte sich bei der Sonne und allen Tieren für sein schlechtes Verhalten. Von diesem Tag an lebten alle friedlich und freundschaftlich auf der wunderschönen Insel und sangen zusammen oft ein Lied für die Sonne:

Melodie: Alle meine Entchen

Liebe, liebe Sonne,
schein' auf unsre Welt,
schein' auf unsre Welt,
schenk' uns deine Wärme,
damit's uns hier gefällt.

Die goldene Sonne

Raumvorbereitung:

Der Raum ist erwärmt und verdunkelt. Decken oder gelbe große Kopfkissen sind zu einem Kreis angeordnet. In der Kreismitte steht eine große Schale mit Wasser und gelben Schwimmkerzen. Bunte Seidentücher sind um diese Schale herumgelegt. Meditative Musik, ein Kassettenrecorder, für jedes Kind eine Schale mit einem Teelicht sind vorbereitet. Eine Lampe erhellt den Raum.

Materialien:

Decken oder gelbe große Kopfkissen, viele bunte Blütenblätter, eine schöne große Schale, gelbe Schwimmkerzen, bunte Seidentücher, für jedes Kind ein Teelicht in einer kleinen Glasschale, ruhige Musik, Kassettenrecorder, eine kleine Lampe.

Ablauf:

Die Kinder sitzen auf den Kissen oder Decken. Die Kerzen werden angezündet. Die Kinder machen bei Hintergrundmusik zuerst einige Atemspiele. Diese können sehr gut als Partnerübung durchgeführt werden.

Wärme

Erzieherin:
(dreimal wiederholen)

Wir schicken die Wärme der Flammen in unseren Kopf. Wir legen leicht die Hände auf den Kopf, atmen tief durch die Nase ein und schicken dabei die Wärme in den Kopf. Beim Ausatmen durch den leicht geöffneten Mund verteilt sich die Wärme im Kopf.

Spielanleitung:

Die Kinder sitzen still und schauen in die Flammen. Die Wärme der Flammen wird zu bestimmten Körperteilen geschickt. Diese werden bestimmt, indem die Hände auf die genannten Körperteile gelegt werden.
Die Atemübung sollte mit geschlossenen Augen durchgeführt werden, da sich jeder dann besser auf die Atmung konzentrieren kann.

Licht

Erzieherin:
(dreimal wiederholen)

Wir schicken goldenes Licht in unseren Kopf. Wir legen leicht die Hände auf den Kopf, atmen tief durch die Nase ein und schicken dabei das Licht in den Kopf. Beim Ausatmen durch den leicht geöffneten Mund verteilt sich das goldene Licht im Kopf.

Spielanleitung:

Auf die gleiche Art wie bei der ersten Übung wird goldenes Licht zu den einzelnen Körperteilen geschickt. Dadurch werden die Körperteile erhellt.

Farbe

Erzieherin:
(dreimal wiederholen)

Wir stellen uns vor, dass wir dem Kopf die blaue Farbe schicken. Sie kühlt den Kopf und beruhigt uns.

Weiterer Ablauf:

Nach dieser Einführung legen die Kinder sich auf ihr Kissen und ihre Decke. Die nun folgende Fantasiereise wird mit Hintergrundmusik vorgelesen.

Fantasiereise

Die Erzieherin liest diesen Text mit ruhiger Stimme vor.

Leg dich so bequem hin, dass du entspannt mit mir eine Reise machen kannst.
Spüre, liegst du auch wirklich gut?
Leg dich noch ein wenig bequemer hin.
Nun schließ deine Augen und atme tief und gleichmäßig ein und aus.
Spüre, wie dein Atem dich wärmt, wie er durch deinen Körper fließt.
Nimm nun Abschied von dem Lärm um dich herum.
Mach dich bereit für die Stille, bereit für eine Reise.
Dir geht es jetzt gut.
Klettere auf eine große, weiße Wolke und fliege mit ihr weit fort.
Es ist noch sehr früh am Morgen und die Welt sieht noch farblos und grau aus.
Die Farben verstecken sich in der Morgendämmerung.
Dichter Nebel bedeckt die Erde und macht sie grau und trist.
Du kannst die Farben der Wiese, der Blumen, der Bäume nur erahnen.
Doch plötzlich bricht der Himmel auf.
Goldene Sonnenstrahlen bringen Licht zur Erde.
Dieses Licht vertreibt den Nebel und gibt den Blumen, dem Gras und den Bäumen die Farben.
Die Wolke bringt dich hinunter und du gehst leicht und froh durch die bunte Welt.
Du schaust hin und her und siehst voller Freude das Grün der Wiese, das Rot, Gelb, Blau und Orange der Blumen.
Die Farben glänzen im Sonnenschein.
Du schaust nach oben und siehst die goldene Sonne.
Sie ist es, die der Welt die Farbe zurückgegeben hat.
Zufrieden bleibst du stehn und schaust herum.
Die bunte Welt gefällt dir gut.

Du gehst herum und holst dir von jeder Blume ein Blütenblatt.
Du willst die bunten Farben zur Erinnerung mitnehmen.
Du gehst zurück zur Wolke und besteigst sie wieder.
Ein frischer Windstoß treibt sie voran.
Dabei fliegen einige Blütenblätter wieder hinunter zur Erde.
Sie fallen in einen Fluss und schwimmen davon.
Einige Blütenblätter hältst du noch in deiner Hand.
Du nimmst sie mit nach Hause.

Pause mit Musik. In die Schale und auf die Tücher werden Blütenblätter gelegt.

Langsam bringt dich die Wolke zurück.
Du bist nun wieder in deiner Welt.
Weck langsam deinen Körper.
Spüre dich wieder. Spüre deine Arme, deine Beine, deine Hände, deine Finger, spüre deinen gesamten Körper und wecke ihn. Bewege langsam und nacheinander deine einzelnen Körperteile. Reck und streck dich, öffne deine Augen und nimm die Welt um dich herum mit ihren vielen Farben wahr. Bist du wieder völlig zurück hier im Raum, setz dich und denk an die Reise mit der Wolke zurück.

Abschluss:
Die Kinder können die Blütenblätter durch Fühlen, Sehen und Riechen wahrnehmen. Mit den Blättern können sie ein eigenes Bild gestalten. Hintergrundmusik untermalt diese Phase.

Der Regenbogen

Material: Wollfäden in Rot, Orange, Gelb, Grün, Blau, Lila

Einstieg: Die Wollfäden werden in die Mitte gelegt. Die Kinder können damit frei experimentieren. Aus diesen Fäden wird gemeinsam ein Regenbogen gelegt und im anschließenden Gespräch thematisiert.

Die Erzieherin nimmt von jeder Farbe einen Wollfaden in ihre Hand und erzählt die folgende Geschichte:

Die linke Hand geballt zeigen,
langsam mit dem Finger der rechten Hand eine Sonne malen,
mit einem Finger der rechten Hand eine große Wolke malen,
mit den Fingern der rechten Hand zappeln.

Mit den Fingern einer Hand auf den geschlossenen Handrücken der anderen Hand klopfen,
den roten Faden herausziehen und auf die Erde legen,
den orangefarbenen Faden herausziehen und über den roten Faden legen,
den gelben Faden herausziehen und über den orangefarbenen Faden legen,
den grünen Faden herausziehen und über den gelben Faden legen,
den blauen Faden herausziehen und über den grünen Faden legen,
den lila Faden herausziehen und über den blauen Faden legen,
auf den Regenbogen zeigen.

Die Fäden in beide Hände nehmen und langsam von einer Seite im Bogen zur anderen Seite ziehen,
langsam die Fäden im Bogen zurückziehen,
die Fäden in der Hand verschwinden lassen,
die geschlossene Hand zeigen.

Der Regenbogen schläft ganz leise,
die Sonne, sie macht ihre Reise.

Große Wolken zieh'n am Himmel,

Regen fällt, welch ein Gewimmel,
und die Tropfen klopfen dann,
ganz sanft beim Regenbogen an.

Das Rot erwacht und schaut sodann

das Orange gleich von der Seite an.

Das Gelb,

es weckt das schöne Grün

und schon ist auch das Blau zu sehn.

Nun kommt das Lila angezogen

und fertig ist der Regenbogen.

Er zieht nun aufwärts Stück für Stück,

doch mit der Zeit geht er zurück.
Er ist nun fort, nicht mehr zu sehn,
der Regenbogen war sehr schön.

Nachdem die Geschichte einmal zusammen durchgespielt wurde, können die Kinder sie mit den Wollfäden auch alleine darstellen.

Das Sommergewitter

Materialien: eine große Auswahl an Orff-Instrumenten

Spielhinweis: Die Kinder sollten so viele verschiedene Instrumente zum Experimentieren vor sich liegen haben, dass sie die einzelnen Situationen mit typischen Geräuschen unterlegen können. Auch Löffel, Dosen mit Nägeln, Pergamentpapier usw. können für diese Klanggeschichte eingesetzt werden.

Heute ist ein sehr heißer Tag und ich bin auf dem Weg in die Badeanstalt. Die Sonne steht am wolkenlosen Himmel und schickt ihre Strahlen zur Erde nieder. Ich fühle mich schlapp und mit schweren Schritten gehe ich über einen staubigen Weg. Unterwegs sehe ich viele Menschen. Auch sie sind kraftlos und ihre Schritte sind schwer. Immer wieder suchen sie Schatten. Viele sitzen oder liegen unter Bäumen. Niemand hat heute Lust, irgendetwas zu tun. Auch die Tiere leiden unter dieser Hitze. Die Hunde suchen Schutz unter dicken Bäumen und auch die Katzen verkriechen sich in schattige Ecken. Die Blumen in den Gärten und auf den Wiesen senken ihre Köpfe. Sie haben Durst. Die Luft ist heiß und unzählige kleine Gewittertierchen fliegen und krabbeln überall herum. Ich halte Ausschau nach einem schattigen Plätzchen.
Da entdecke ich eine Bank. Sie steht unter einem großen Kastanienbaum. Sein Blätterkleid ist so dicht, dass kein Sonnenstrahl hindurchdringen kann. Diesen Platz suche ich mir aus. Erschöpft und müde setze ich mich und beobachte die Menschen um mich herum. Sie schwitzen und jeder versucht, den Sonnenstrahlen zu entkommen. Die Straßen sind glühend heiß und die Gewittertierchen krabbeln über meine nackte Haut. Nein, so macht der Sommer auch keinen Spaß. Mit einem Mal kommt Wind auf. Er streicht über meine Haut und kühlt sie. Ich schaue zum Himmel und entdecke in weiter Ferne dicke, dunkle Wolken.

Es sieht nach einem Gewitter aus. Die Wolken werden vom Wind getrieben und in wenigen Minuten ist der Himmel stockfinster. Die Sonne ist verschwunden, der Wind wird stärker. Ich sitze unter dem Baum und beobachte die dunklen Wolken. Plötzlich zuckt weit entfernt ein Blitz am Himmel und dann donnert es auch schon. Der Wind wird immer stärker. Schon spüre ich einige Regentropfen. Ganz sacht fallen sie auf meine Knie. Ich schaue hoch und sehe über mir schwarze Wolken. Jetzt donnert und blitzt es in einem fort. Hier kann ich nicht mehr bleiben. Schnell mache ich mich auf den Heimweg. Der Regen wird immer stärker. Es regnet so stark, dass ich in wenigen Sekunden von Kopf bis Fuß nass bin. Die letzten Meter bis zum Haus renne ich ganz schnell. Es donnert und blitzt fast ohne Pause. Im Haus angekommen setze ich mich ans Fenster und beobachte das Gewitter. Doch so schnell wie es gekommen ist, so schnell ist es auch wieder vorbei. Es blitzt und donnert nur noch selten. Auch der Regen lässt nach und die dunklen Wolken werden vom Wind weggepustet. Jetzt kommt auch die Sonne wieder. Nichts mehr ist von dem Gewitter zu hören und zu sehen. Schnell gehe ich wieder nach draußen und atme die frische Luft tief ein. Es ist kühler geworden und die Menschen können wieder mit frischer Kraft ihrer Arbeit nachgehen. Auch die Blumen und Bäume haben sich wieder aufgerichtet. Die Tiere laufen, springen und toben ausgelassen herum. Die Gewittertierchen sind wie weggeblasen und es ist wieder ein wunderbarer Sommertag.

Kreative Wasserspiele

Körperkunst

Materialien: Töpfe mit verschiedenen, wasserlöslichen Farben, Schwämme, Pinsel, Wasser, Wasserschlauch (mit Anschluß zum Wasserhahn) und Eimer

Anleitung: Die Kinder (nur mit Badehose bekleidet) können sich nach Herzenslust gegenseitig mit der Hand, dem Pinsel oder dem Schwamm bemalen und sich so ein hautenges Körperkleid malen. Zum Schluss werden sie mit dem Wasserschlauch gereinigt.

Kunstvolles mit Händen und Füßen

Materialien: eine oder mehrere große Mülltüten oder Folie, Wasser, Schmierseife, Sand, Erde, klein geschnittenes Stroh, evtl. Korn, Futtererbsen, verschieden große Steine

Anleitung: Die Folie oder Mülltüte wird ausgebreitet. Die Kinder können, mit Badezeug bekleidet, mit Hilfe von Wasser und den anderen Hilfsmitteln, mit Händen und Füßen patschen, kratzen, schlurfen und so immer wieder neue Bilder entstehen lassen. Bei diesem Malspiel kann Musik im Hintergrund laufen.

Figuren aus Seifenblasen

Materialien: eine runde Plastikschüssel, gefüllt mit einer Lösung aus Wasser und reichlich Spülmittel, Blumendraht, Zange, ein Blumentopf mit Sand, Korken.

Bastelanleitung: Aus Blumendraht können Gebilde geformt werden, z.B. Schmetterlinge, Blumen. Dieses Drahtgebilde wird kurz in die Seifenlauge getaucht und das Kunstwerk ist fertig. Man kann es als Dekoration in einen Blumentopf mit Sand stecken und auf die Fensterbank stellen.

Wisch-Wasch, das Matschgespenst

Materialien:
Siehe Kunstvolles mit Händen und Füßen

Weit weg von hier, hinter den Bergen wohnt Wisch-Wasch, das Matschgespenst. Es spielt nicht so wie ihr mit Autos oder Puppen, nein, es matscht. Von morgens bis abends macht es nichts lieber, als mit Händen und Füßen, ja sogar mit seinem ganzen Körper, zu matschen.

Ein Eimer mit Wasser wird auf die Folie geschüttet. Die Kinder patschen durch das Wasser.

Morgens, wenn es wie aus Eimern geregnet hat,
steht Wisch-Wasch auf und geht hinaus auf die große Wiese.
Fröhlich patscht es durch die Pfützen.

Mit den Füßen schlurfen.
Schmierseife oder Erde auf das Wasser schütten.

Wisch-Wasch schlurft durch das Gras
und entdeckt weiche, matschige Erde.

Mit den Füßen patschen, matschen und schlittern.
Erbsen auf die Schmierseife schütten.

Nun kann Wisch-Wasch erst richtig gut patschen, matschen und auch schlittern.
Wisch-Wasch geht weiter und marschiert über einen steinigen Weg.
Es spürt jeden Stein unter seinen Füßen. Nun kommt es an einem Kornfeld vorbei.

Stroh auf die Folie werfen.

Wisch-Wasch geht fröhlich mit seinen nackten Füßen über das Stroh.
Es ist schön, die Steine, das Wasser und den Matsch zu spüren.

Mit Händen und Füßen matschen usw.

Wisch-Wasch ist glücklich. Vor Freude matscht, kratzt und schmiert es mit Händen und Füßen.
Es gibt für Wisch-Wasch kein schöneres Spiel als dieses.
Weil es sich heute besonders glücklich fühlt und weil es ein

Die Kinder wälzen sich in dieser Matsche und schmieren sich damit ein.

Matschgespenst ist, wälzt sich Wisch-Wasch in der Matsche und cremt sich von oben bis unten damit ein.
Das ist eine Freude.
Die Sonne scheint und Wisch-Wasch ist so richtig in seinem Element.

Die Kinder werden mit einem Schlauch abgespritzt.

Doch plötzlich kommen dunkle Wolken auf und es beginnt zu regnen.
Nun ist Wisch-Wasch wieder sauber und kein Matschgespenst mehr.
Jetzt läuft es schnell nach Haus zurück.

Die Kinder rubbeln sich mit einem Handtuch gegenseitig ab. Die Kinder legen sich auf eine große Wolldecke.

Dort rubbelt seine Mutter es mit einem
weichen Handtuch trocken.
Wisch-Wasch ist müde, legt sich auf
eine Decke und schläft ganz
schnell ein.

Spiele mit dem Schatten

Malspiel

Wenn die Sonne scheint, macht es viel Spaß, den Schatten zum Malen zu nutzen. Dies kann man in kleinen und etwas größeren Gruppen gut durchführen. Die Kinder benötigen Kreide oder aber dicke Malstifte und große Papierbögen. Sie können die eigenen Körper oder auch Gegenstände dazu benutzen, um Schattenbilder herzustellen. Diese werden dann mit Hilfe der Kreide oder der Stifte abgemalt und anschließend bunt ausgemalt.

Schatten fangen

Ein Kind ist der Schattenfänger, die anderen sind die Schatten. Nun muss der Schattenfänger versuchen, einen Schatten zu fangen. Er hat ihn erwischt, wenn er in den Schatten tritt. Jedes Kind, welches gefangen wurde, wird nun ebenfalls Fänger. Das Spiel ist beendet, wenn alle Schatten gefangen wurden.

Schattenjagd

Variation:

Ein Kind ist der Jäger. Die restlichen Kinder laufen auf einem asphaltierten Gelände herum. Der Jäger muss die Schatten der Kinder fangen, d.h., auf sie treten. Sie müssen auf der Stelle stehen bleiben, denn sie sind ab diesem Moment versteinert. Wenn nur noch der Jäger herumläuft, ist das Spiel beendet.

Schattenspringen

Die Kinder verteilen sich so, dass ihre Schatten sich auf dem Boden nicht berühren. Ein Kind ist der Schattenspringer. Er springt von Schatten zu Schatten und sammelt so die Kinder ein. Je mehr Kinder eingefangen werden, umso größer ist der Abstand zwischen den Schatten und umso schwieriger ist das Schattenspringen.

Schatten treten

Die Kinder finden sich paarweise zusammen. Ein Kind stellt sich mit gegrätschten Beinen und ausgebreiteten Armen so hin, dass sein Schattenbild gut zu sehen ist. Das andere Kind ist der Springer. Der Spielleiter (ein Kind) steht am Rand der Spielfläche und benennt immer ein Körperteil, z.B. Hand. Dann muss der Springer auf die Schattenhand des Partners springen. Das Kind, welches den Schatten bildet, muss versuchen, das zu verhindern und seine Körperhaltung verändern. Danach werden die Rollen getauscht.

Rätsel

Scheint die Sonne, geht er mit,
begleitet dich auf Schritt und Tritt.
Er ist mal lang und auch mal klein,
er lässt dich niemals ganz allein.
Er ist genauso schnell wie du,
bleibst du stehn, gönnt er sich Ruh.
Doch ist die Sonne nicht zu sehn,
kannst du ohne ihn auch gehn.
Mit ihm zu spielen, das ist schön,
du kannst ihn ganz verschieden sehn.

(Schatten)

Bastelangebote und Experimente

Sonnenuhr

Materialien:
ein Stab, Steine oder Holzklötzchen

Bastelanleitung:
Der Stab wird an einem Standort, der den ganzen Tag über in der Sonne liegt, in den Boden gesteckt. Je nach Stand der Sonne wird zu jeder vollen Stunde eine Markierung am Schattenende gemacht (entweder einen Stein oder ein Holzklötzchen im Boden festklopfen). Fertig ist die Sonnen- oder die Schattenuhr. Am nächsten Tag zeigt die Schattenlinie zwischen oder auf den Markierungen die Zeit an. Dies ist die älteste Vorrichtung zur Zeitmessung.

Sonnenspiegelmosaik

Materialien:
für jedes Kind ein flaches Gefäß, Alufolie, Spiegelscherben, Material zum Verzieren wie Sterne, Glimmer u.ä., Gips, für jedes Kind eine Pinzette, für jedes Kind Arbeitshandschuhe

Bastelanleitung:
Die Kinder umwickeln das Gefäß von außen mit der Alufolie. Dann wird es bis zum oberen Rand mit angerührtem Gips gefüllt. Mit einer Pinzette drücken sie die Spiegelscherben in den Gips. Anschließend werden die Zwischenräume dekoriert. Nachdem der Gips getrocknet ist, können die Kinder damit draußen die Sonnenstrahlen reflektieren.

Die Kraft der Sonne

Materialien:
zwei Schälchen oder Eimer, Wasser

1. Zwei Eimer (mit Schälchen geht es viel schneller, falls nötig!) werden mit Wasser gefüllt. Einer wird in einen schattigen Raum gestellt, der andere in die Sonne. Nach ein paar Stunden können die Kinder mit der Hand die unterschiedlichen Temperaturen feststellen.

farbiges Papier

2. Ein farbiges Papier wird in die Sonne gelegt und ein Teil des Papiers mit einem Gegenstand abgedeckt. Nach einiger Zeit lassen Sie die Kinder den Gegenstand entfernen. Sie werden feststellen, dass die Farbe des Papierstückes, das in der Sonne lag, verblasst ist.

gemähtes Gras

3. Ein wenig gemähtes Gras wird in die Sonne gelegt. Schon nach kurzer Zeit ist zu beobachten, dass das Gras austrocknet – aus Gras wird Heu.

ein mit Wasser gefülltes Schälchen

4. Ein Schälchen wird mit ein wenig Wasser gefüllt. Durch die Kraft der Sonne ist das Wasser nach einiger Zeit verdunstet.

Leichte Sommerspeisen

Zwiebackmilch

Zutaten: Milch, Zwieback, Zimt und Zucker

Zubereitung: In ein Schälchen mit Milch bröckeln die Kinder einen oder mehrere Zwiebäcke. Mit Zucker und Zimt ist das ein schönes Sommergericht. Alternativ kann auch Buttermilch genommen werden und anstatt des Zwiebacks trockenes Brot.

Fruchtmilch

Zutaten: Sommerfrüchte, Milch

Zubereitung: Die Früchte mit dem Mixer zerkleinern, Milch zugeben und das Ganze verrühren.

Vanilleeis

Zutaten: 10 EL Honig, 5 Eigelb, 2,5 Vanillestangen, 1,25 l Sahne, 5 Eiweiß

Zubereitung: Honig mit Eigelb verquirlen, Vanillestangen aufritzen und das Mark zu der Masse geben, Sahne steif schlagen, Eiweiß steif schlagen und alles unter die Masse rühren. Diese Masse in den Eisschrank stellen. Bällchen daraus formen und servieren.